글 지은지

연세대학교 신소재공학을 전공하였고, 박사 학위를 받았습니다. 과학을 말랑말랑하게 설명하는 것을 좋아하고 재미난 상상을 하는 것을 좋아합니다. 중학독서평설 〈꿈꾸는 과학의 세상 뒤집기〉 연재에 참여하였고, 《누가누가 더?》를 썼습니다.

글 이민아

이화여자대학교에서 지구과학교육을 전공하였고, 현재 고촌고등학교 교사로 재직 중입니다. 과학을 곁들인 즐거운 이야기를 쓰는 것을 좋아합니다. 중학독서평설 〈꿈꾸는 과학의 세상 뒤집기〉 연재에 참여하였고, 지은 책으로는 《숨마쿰라우데 지구과학 1》, 《누가누가 더?》 등이 있습니다.

그림 유영근

캐릭터 애니메이션 제작 업체 'TRTB Pictures'에서 기업 광고와 교육용 콘텐츠를 제작했습니다. 현재는 프리랜서 일러스트레이터이자 아홉 살 아이의 아빠로 활동 중입니다. 지은 책으로는 《아빠는 다섯 살》, 《아빠는 여섯 살》 등이 있습니다.

인스타그램 @jhiro2

일러두기 이 책은 가상의 조선 시대를 배경으로 둔 창작 동화입니다. 타임 슬립이라는 장치를 통해 작가의 상상력과 현대의 과학 지식을 더했고, 이야기의 재미를 위해 만화적 구성이 얽혀 있습니다.

등장인물

김시혁(김개똥)
우연히 주운 돌멩이로 인해 조선 시대의 노비가 된 열두 살 소년. 돌아가신 아빠를 닮고 싶어 한다.

시혁이 부모님

아빠
불의의 교통사고로 세상을 뜬 유명한 과학자.

엄마
시혁이를 홀로 키우면서 일도 열심히 하는 당찬 성격을 가지고 있다.

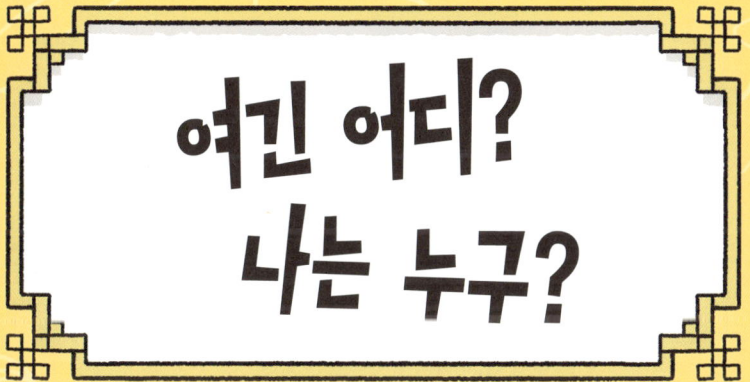

1장
여긴 어디? 나는 누구?

"이건 꿈이다."

다시 눈을 감으면 원래 세계로 돌아갈 줄 알고 몇 번이나 눈을 떴다 감았다 해 봤지만 시간이 지날수록 나는 이 이상한 세계에 갇힌 게 분명했다. 내가 눈을 뜬 이곳은 빼곡한 대나무 숲 한가운데였다. 차가운 흙바닥에서 눈을 이리저리 굴려 봐도 빼곡히 줄지어 선 대나무만 보였다. 몸을 뒤척이는데 바지 주머니에서 딱딱한 무언가가 느껴졌다.

내가 추모 공원에서 주워 온 돌멩이였다. 돌멩이는 아주 새하얀 데다가 반짝반짝 빛이 뿜어져 나오고 있었다. 구름무늬 반대쪽에 전원 버튼처럼 홈이 파진 부분을 엄지로 살짝 눌렀더니 갑자기 진동과 함께 붉은빛이 새어 나왔다.

반짝이는 돌멩이는 빔 프로젝터처럼 공중으로 글자를 쏘아 올렸다. 마치 게임 속으로 빨려 들어온 기분이었다.

정체를 알 수 없는 기묘한 느낌에 오싹해졌다. 나는 최대한 조심스럽게 움직이며 대답했다.

"나는 김…."

반대편 손으로 땅을 짚고 일어서려는 그때였다. 내 손에 물컹하고 질척한 게 만져졌다. 손가락 사이에서 느껴지는 이 감촉, 이 느낌은 설마?!

아. 다행히 진흙이었다. 진흙이 묻은 손을 바지에 닦는 사이 돌멩이가 빛을 내뿜으며 글자를 연달아 띄웠다.

소원을 들어주는 돌의 사용자로
김개똥 님이 등록되었습니다.

이 돌멩이는 내 말을 제멋대로 인식한 게 분명했다.
"뭐? 내 이름 그거 아닌데! 김시혁이라고!"

사용자 등록은 단 한 번으로
수정은 불가합니다.

"와… 실화냐? 그런 게 어디 있어!"

김개똥 님. 어떤 소원을 설정하시겠습니까?
최종 퀘스트를 마치면 보상으로
사용자의 소원이 이루어집니다.

글자가 연달아 떠오르자 나는 왠지 다급해졌다.

"나, 나 다시 집에 갈래. 원래 내가 있던 곳으로 가는 게 소원이야!"

이상으로 사용자의 소원이 접수되었고,
계약은 완료되었습니다.

"근데 최종 퀘스트라는 게 뭐야?"

우선, 마을 사람들의
호감도 게이지를 100% 달성해야
최종 퀘스트에 대한 힌트가 열립니다.

"뭐? 호감도는 어떻게 올리는데? 뭐야? 이거 진짜 게임 속이야? 최종 퀘스트만 깨면 되는 거 아니었어?!"

내 외침에 반응이라도 하는 건지, 돌멩이는 진동하며 더욱 반짝였다.

>
> 지금부터 마을 사람들의 호감을 얻으세요.
> 호감도는 구름무늬에 채워집니다.

붉은빛은 금세 사라졌다. 돌멩이 한가운데를 다시 한번 눌러 보았지만 별다른 반응은 없었다.

"……."

나 돌아갈래~~

　마음을 진정시키고 대나무 숲을 빠져나오니 거리의 풍경이 마치 민속촌에 들어온 듯했다.

　"여긴 또 어디래? 무슨 조선 시대도 아니고. 잠깐! 내 옷은 또 왜 이래! 얼어 죽겠네."

　아무리 게임 속이라지만 내 옷은 누가 봐도 너무 대충 만든 것 같았다. 터덜터덜 무작정 길을 따라 걷다 보니 천석 마을이라는 팻말과 어딘지 으스스하고 우스꽝스럽기도 한 표정의 장승이 보였다. 그리고 저 멀리 딱 봐도 으리으리한 기와집 한 채가 눈에 들어왔다.

 가까이 다가가 보니 기와집의 커다란 대문은 조금 열려 있었다. 나는 빼꼼히 고개만 들이밀어 기와집 대문 안을 넣 놓고 구경했다. 누가 날 지켜보고 있는 줄도 모르고 말이다.

"이쒸. 개똥이 너! 오늘 새벽에 물도 안 긷고 내빼더니! 머리통으로 내 턱을 쳐? 내가 너 대신 물 길은 것도 서러운데! 이 한겨울에 손 시려 죽는 줄 알았다고!"

 화가 잔뜩 난 여자아이의 손은 정말 튼 것처럼 거칠었다. 그리고 나를 잘 아는 듯 말했다.

"야! 방금 나한테 개똥이랬냐?"

"흥, 뭐래. 넌 개똥이고 난 초롱이지. 어디서 까마귀 고기라도 주워 먹고 왔냐?"

"근데 내가 왜 물을 길어?"

"종놈이 물을 긷지 그럼 누가 길어?! 딴소리 말고 빨리 들어가서 장작이나 쪼개!"

"뭐? 종놈? 이래 뵈도 김해 김씨의…"

내 말이 끝나기도 전에 초롱이라는 여자아이가 내 어깨를 툭 치며 말했다.

"야! 너 진짜 머리에 돌 맞았냐? 아님 면천˙ 꿈이라도 꾼 거야?"

저 애 표정을 보니 나에게 진심으로 하는 말 같았다.

"초롱…아? 아무리 그래도 내가 … 내가? 에이~ 설마."

나는 돌멩이를 다급히 붙잡고서 작게 소리쳤다. 야속하게도 돌멩이는 아무런 반응을 보이지 않았다.

● **면천**: 노비 신분에서 벗어나 평민이 됨.

초롱이는 말도 섞기 싫다는 표정으로 나를 쳐다보고는 기와집 안으로 휙 들어갔다.

나는 얼떨결에 초롱이를 따라 기와집 안으로 들어가게 되었다. 깨끗하고 아늑해 보이는 안쪽이 아닌 입구 근처의 그늘지고 초라한 곳이었다. 그곳에는 작은 방이 여러 개 있었다. 이곳에 있는 사람들은 인정하기 싫지만 나와 같은 차림새인 걸 보니 다 같은 노비인가 보다. 다들 낡고 흰 한복에 군데군데 헝겊을 덧대어 꼬매 놓았다.

내 모습을 다시 찬찬히 살펴보았다. 당장 청학동에 들어가도 어색하지 않을 머리 모양, 엄마를 겨우 졸라 산 지 얼마 안 된 운동화 대신 민속촌에서나 볼 법한 짚신이라니. 아무리 봐도 낯선 내 모습에 자꾸 한숨만 나왔다.

2장
이 세계에 적응하는 법

"이리 와서 아침밥 들자고~!"

시간이 얼마나 흘렀을까. 내 배꼽시계가 크게 울릴 찰나에 반가운 소리가 들렸다.

나는 곧바로 차가운 바닥에 앉아 밥상을 마주하게 되었다. 웬 거무튀튀한 현미밥이 아주 큰 그릇에 수북이 담겨 있었다. 맛없는 학교 급식에서도 이렇게 나온 적은 없었다. 김치, 말라비틀어진 나물, 간장이 반찬이라니.

'와… 학교 급식에서 남긴 반찬이 그리울 정도네."

배가 고프긴 했지만 도저히 먹을 엄두가 나지 않았다. 평소에 좋아하던 햄 볶음밥이나 핫도그 생각이 절로 나면서 엄마한테 반찬 투정을 했던 지난날이 떠올랐다. 괜히 눈물이 찔끔 나려고 했다. 머리, 옷, 짚신 등 많은 것들이 적응되지 않았지만 당장 내가 제일 견디기 힘든 것은 여기 사람들이 정말 아무렇지 않게 이 밥을 맛있다는 듯이 먹는 것이었다.

이렇게 어떻게 사냐고오오오~

　나는 며칠 만에 같은 방의 다른 아저씨들처럼 밥을 퍼먹기 시작했다. 처음에 몇 번 내 밥을 털보 아저씨에게 양보했더니 힘이 하나도 나지 않았다. 장작으로 쓸 통나무를 들 힘도 없었고, 장작을 쪼갤 때는 도끼를 손에서 놓쳤다. 심지어 손까지 떨었다.

털보 아저씨에게 밥을 양보해서 좋았던 점은 딱 한 가지, 호감도였다. 나는 내가 주워 온 돌멩이를 이제 백돌이라 부르기로 했다. 백돌의 구름 게이지는 내가 밥을 양보함으로써 조금 차올랐다. 개미 눈물만큼이지만 이것 하나만 좋았다.

그런데 이 상태 창은 아무래도 나에게만 보이는 것 같았다. 아무도 백돌이 뿜는 빛을 눈치채지 못했으니까.

밥을 다 먹고 볼일을 보러 가려는데 처음 보는 아주머니가 나를 불렀다.

"개똥아, 장터 대장간에 가서 식칼 좀 받아 오너라."

"제가 왜요?"

아무리 내가 노비여도 그렇지. 이렇게 시도 때도 없이 날 부르는 건 억울했다. 내가 어리고 만만해서 그런 걸까.

"아니, 이놈이? 오늘 밥 굶을 테냐? 잘 드는 칼로 고기 좀 썰려고 했더니 너는 국물도 없다!"

"고, 고기요? 당장 갈게요. 근데 장터가 어디였죠?"

"허? 안 그래도 초롱이가 며칠 전부터 너 이상하다고 하더니… 정말 까마귀 고기라도 먹은 게야? 대문 나서서 오른쪽으로 쭉 내려가면 바로 장터잖아!"

"아, 초롱이도 참. 오른쪽인가 왼쪽인가 순간 헷갈렸어요. 하하하. 저 가요!"

아무래도 시간 날 때 이 근방을 좀 돌아다녀서 어디에 무엇이 있는지 알아야 할 것 같다.

'대장간은 뭐 물어 찾아가면 되겠지.'

장터 골목을 헤맨 끝에 대장간을 찾아냈다. 나는 대장장이 아저씨가 칼을 식히는 동안 바닥을 멍하니 쳐다보았다. 기다리는 것 말고는 딱히 할 일도 없었다. 바닥에는 철 가루가 잔뜩 쌓여 있었는데 그 순간, 몇 년 전 아빠와 함께했던 손난로 만들기 실험이 떠올랐다. 주머니에 철 가루와 소금, 숯가루를 넣어서 흔들면 열이 나는 간단한 실험이었다. 마침 대장간 안에는 주머니와 숯도 있었다.

"저… 아저씨. 여기 바닥에 있는 철 가루랑 숯이요. 저 주머니에 조금만 담아 가져가도 될까요?"

"오냐! 이왕이면 빗자루로 바닥도 쓸어 주면 좋고."

바닥을 다 쓴 나는 천 주머니에 철 가루와 숯 한 조각을 넣고 식칼 한 자루와 함께 기와집으로 돌아왔다.

철 가루랑 숯을 얻어 왔으니 이제 소금만 있으면 된다. 나는 살금살금 걸어 부엌으로 향했다. 다행히 점심때가 지나 아무도 없었다. 부엌에 있는 여러 개의 작은 항아리를 차례로 열어 보았다. 첫 번째 항아리에는 간장이 있었고, 두 번째 항아리를 열어 보니 된장이 있었다.

"웩, 냄새!"

된장을 얼마나 오래 묵혔는지 쿰쿰한 냄새가 코를 확 찔렀다. 코를 움켜잡고 세 번째로 열어 본 작은 항아리에는 흰 가루가 소복이 쌓여 있었다. 손가락으로 가루를 살짝 찍어 맛보니 짭짤했다.

'찾았다!'

나는 소금을 한 움큼 집어 챙긴 뒤, 사람들의 눈을 피해 마당 구석의 소나무 밑으로 달려갔다. 천 주머니를 열어 철 가루, 숯 조각, 소금을 모두 넣고 주먹으로 쳤다. 숯을 부순 뒤 살짝 흔들자 점점 주머니가 따뜻해졌다.

'성공이다! 이걸로 초롱이에게 점수 좀 따야겠다!'

나는 이 손난로를 초롱이에게 선물하기 위해 다시 천 주머니 속을 비우고 새로 채워 넣었다.

3장
발명 천재

"개똥아, 무슨 일이냐?"

"저… 왕점 아저씨. 혹시 초롱이가 어디 있는지 아세요? 안방마님께서 초롱이를 갑자기 찾으셔서요."

나와 같은 방을 쓰는 왕점 아저씨는 말 그대로 눈 밑에 커다란 점이 있는데 나에게 이것저것 잘 알려 주신다. 사실 지금껏 나는 마님 얼굴 구경도 못했지만 입에 침도 안 바르고 거짓말이 술술 나왔다.

"초롱이? 아침밥 먹자마자 저기 장터 너머에 있는 서쪽 산으로 나무 패러 갔다. 여기서 입구까지 오 리(里)쯤 되니까 부지런히 쫓아가면 따라잡을 게다."

순간 학교에서 배운 노래 중에서 십 리도 못 가서 발병 난다라는 노랫말이 떠올랐다.

'그때 선생님께서 십 리는 약 4킬로미터라고 말씀하셨던 것 같은데…'

오 리 정도면 약 2킬로미터, 아주 먼 거리는 아닌 것 같았다. 나는 무작정 서쪽 방향으로 걸었다. 어림잡아 30분

정도 걸었더니 서쪽 산 입구에 도착했다. 그런데 추운 것은 둘째 치고 까슬까슬한 짚신을 신고 걸었더니 이미 발병이 난 것 같았다. 내 발바닥에 커다란 물집이 잡혔으니까 말이다.

입구에서 또 한참을 오르니 초롱이가 언뜻 보였다. 초롱이는 나무를 패고 있었는데, 그 모습이 엄청 박력 넘쳤다. 더욱 놀라운 것은 초롱이가 들고 있는 물건이었다. 가까이 가서 보니 전래 동화 《금도끼 은도끼》에 나오는 평범한 도끼가 아니라 처음 보는 이상한 도구로 자기 체중까지 보태어 나무를 패고 있는 게 아닌가.

초롱이가 쓰는 도구는 어디 홈 쇼핑에 나올 법한 신기한 모습이었다. 쐐기가 달린 긴 막대기로 통나무에 구멍을 살짝 낸 뒤 누르면 힘들이지 않고 나무가 갈라졌다.

그때, 인기척을 느낀 초롱이가 고개를 휙 돌려 나를 쳐다보았다. 내 얼굴을 보자마자 미간을 팍 찌푸렸다.

"야! 개똥이! 여기 왜 왔어?"

"너한테 미안해서… 사과하려고."

"사과? 또 무슨 사고라도 쳤냐?"

"아니, 그 지난번에 나 대신 네가 물 길어 줬던 날 있잖아…. 그때 일부러 그런 건 아니지만 네 턱 쳐서 미안."

나는 품속에서 손난로를 꺼내 초롱이에게 건넸다.

"이거 뭐냐? 따뜻하네?"

한껏 치켜뜬 초롱이의 눈매가 순하게 가라앉았다. 그 순간, 백돌에서 붉은빛이 새어 나왔다. 백돌의 구름무늬 게이지가 조금씩 차오르는 게 실시간으로 보였다.

'오~ 진짜 이게 통하네?'

"초롱아, 나 이제 간다! 너도 얼른 마무리하고 와."

나는 발이 아픈 줄도 모르고 신나게 기와집으로 달려갔다. 아무래도 초롱이의 귀가 새빨개진 것을 보니 산에 더 있다가는 얼어 죽을지도 모른다.

'역시 산은 너무 춥다!'

다음 날, 초롱이는 담장 아래에서 내 앞을 가로막고는 퉁명스럽게 말했다. 초롱이가 건넨 것은 대나무로 만든 총이었다.

"개똥아, 얼마 전에 호랑이가 마을 입구까지 내려왔던 거 알지? 마을 입구 밖에는 산적이 있다는 소문도 있고! 그래서 위험할 때 네가 이걸 쓰면 좋을 것 같더라고. 뭐 대단한 건 아니지만 특별히 만들어 봤어. 근데 내가 줬다는 건 아저씨들한테 비밀이다. 알았지?"

"오~ 알았어. 고마워."

쿵쿵. 초롱이가 호신용 선물로 준 대나무 총을 코에 대고 냄새를 맡아 보았다. 불치킨볶음면에서 나는 매콤한 향기가 났다.

"푸에취! 에에에취!"

자꾸만 재채기가 끊임없이 나왔다.

'이거 사실 벌칙 아냐?'

의심스러운 눈빛으로 초롱이를 흘겨봤다.

"뭐야? 그 눈빛은? 다시 말하지만 대나무 총 진짜 비밀이다! 저번에 나무 팰 때 내가 쓴 도끼도 못 본 척해. 그거 들키면 일은 나만 덤터기로 다 할 것 같단 말이야."

까칠하고 힘센 초롱이는 이런저런 발명품 만들기를 정말 좋아하는 것 같았다.

'도대체 어디서 어떻게 만드는 걸까?'

"꽤애액~ 끼오오~!"

다음 날, 새벽 동틀 무렵에 첫닭이 아주 시끄럽게 울었다. 아침잠이 많은 나를 단번에 깨우는 소리였다. 닭 울음소리를 들으니 치킨 생각도 절로 났다.

'에잇, 언젠가 저 닭을 확 잡아서 치킨으로…!'

사실 나는 닭의 눈도 제대로 못 쳐다본다. 내가 저번에 식칼을 전해 준 아주머니한테 저 닭 좀 잡아 달라고 부탁하면… 안 들어주시겠구나. 에잇.

어느 날 갑자기 주어진 노비의 삶은 쉽지 않았다. 어떤 일이든 혼나기 일쑤였고, 서툴고 실수만 하니 또래 노비조차 점점 나를 피하기 시작했다.

'다 같은 노비끼리 돕고 살면 좀 어때서.'

나는 암울했던 지난 일을 떠올리며 퀭한 눈을 비볐다. 그리고 비척비척 겨우 문을 열고 나왔다.

이곳 사람들은 늘 일찍 일어나 분주히 움직인다. 나도 새벽같이 일어나 마당 앞 잡초도 베고, 마당도 쓸고, 초롱이가 구해 온 나무도 쪼갠다. 그나마 무거운 것을 들 때마다 초롱이가 매번 도와주니 불행 중 다행이었다.

'근데 이러다가 평생 노비로 사는 거 아냐?'

나는 불안감을 떨치기 위해 초롱이와 왕점 아저씨를 따라 뭐든 열심히 하려고 노력했고, 주어진 일은 무조건 어떻게든 마무리하려고 했다.

내 노력이 통한 걸까. 이제 일도, 이곳 지리도 익숙해져 가니 사람들이 나에게 친절해진 것 같았다.

어제랑 오늘 실험해 보고 알게 된 사실인데 같은 사람에게 한해서 호감도는 더 이상 쌓이지 않았다.

방금 도와준 사람을 마지막으로 어느덧 백돌의 게이지가 25퍼센트나 채워졌다. 뿌듯한 마음이 드는 그 순간, 백돌에서 붉은빛이 아닌 환한 노란빛이 새어 나오더니 '보상'이라는 낯선 글씨가 공중에 떠올랐다.

'보상이라고?'

마을 정보를 알게 되어서 좋긴 한데 점점 미로에 빠지는 느낌이 드는 건 왜일까. 보상도 랜덤이라니.

'나… 잘 하고 있는 거 맞겠지? 엄마 보고 싶다.'

손난로 만들기

준비물

주머니	철 가루	활성탄(숯가루)	물	소금

만드는 법

❶ 주머니를 준비한다.

❷ 주머니에 준비한 재료를 모두 넣는다.

❸ 주머니를 밀봉하고 흔들면 완성!

원리

철이 공기 중의 산소와 결합하면 녹이 슬게 되는데 그 과정에서 열이 난답니다. 이를 철의 산화 반응이라고 합니다. 소량의 물과 활성탄(숯가루), 소금을 넣고 흔들면 철의 산화 반응이 더욱 빨리 일어납니다.

대나무 총 만들기

준비물

대나무	헝겊	명주실	고춧가루	물

만드는 법

❶ 대나무를 잘라 물통과 밀대를 만든다.

❷ 물통 바닥에 구멍을 뚫고, 밀대를 헝겊으로 감싼 뒤 명주실(고무줄)로 묶는다.

❸ 고춧가루를 물에 타서 매운 용액으로 만든다.

❹ 물통에 매운 용액을 채우고 헝겊을 두른 밀대를 끼워 누르면 완성!

원리

밀대를 잡아당기면 대나무 통 속의 압력이 낮아져 물이 밀려 들어오고, 밀려 들어온 물을 밀대로 힘껏 밀면 대나무 통 속의 압력이 높아집니다. 이때 대나무 통에 뚫린 작은 구멍으로 물총이 발사된답니다.

4장
배고픈 나날들

"냄새 장난 아니다!"

　홀린듯 가까이 다가간 부엌에서는 고소한 기름 냄새가 풀풀 났고, 아궁이는 전부 음식을 만드는 데 쓰이고 있었다. 부엌 안을 들여다보니 지난번 식칼 심부름을 시켰던 아주머니가 통깨를 뿌린 김을 끓는 기름에 넣어 바삭하게 튀겨 내고 있었다. 김부각이다!
　나는 침을 꼴깍 삼키며 바라보았다.

"와, 맛있겠다…."

배가 너무 고픈 나머지 이제 목소리도 떨렸다.

"초, 초롱아! 내, 내일이 잔칫날이라며? 잔칫날이면 음식도 엄~청 많을 텐데…."

내 간절한 말에 초롱이가 버럭 하며 소리쳤다.

"야! 우리 신세에 무슨! 어휴. 말을 말자. 가뜩이나 오늘 내일 엄청 바쁠 텐데 우리가 먹을 정신이나 있겠니?"

'먹는 것 가지고 치사하게!'

애꿎은 빗자루를 이리저리 휙휙 돌리면서 마당을 쓸었다. 그때 내 빗질에 작은 돌멩이가 붕 뜨더니 한 아주머니의 발치로 굴러갔다.

"엇! 죄송해요. 어디 다친 데는 없으세요?"

치맛자락 사이로 비단 신발이 슬쩍 보였다.

"저… 아주머니?"

내 앞에 서 계신 아주머니는 부엌에서 보았던 아주머니들과 달리 옷차림이 고급스러워 보였다. 내 목소리가 작았는지 고개를 잠시 갸웃하더니 나를 가만히 쳐다보았다.

그때 초롱이가 화들짝 놀라며 달려와 내 입을 무지막지한 손힘으로 막았다.

"읍, 읍!"

"야. 조용히 안 해?"

초롱이는 나에게 작게 소리치면서 아주머니에게는 고개를 계속 꾸벅였다. 초롱이의 손힘에 넘어진 나는 눈치껏 무릎을 꿇었다.

"이놈이 아까 배가 고프다고 난리를 치더니… 하하하. 여기까지 어인 일로 오셨대요? 곧 있으면 김부각도 완성될 거예요."

김부각 소리에 내 고개가 번쩍 들렸다.

"김… 읍!"

김부각을 외치려던 내 목소리는 또다시 초롱이의 손힘에 막혔다. 이번에는 조금 더 세게. 자연스럽게 고개를 떨구었다.

초롱이는 나를 노려보다 목소리를 가다듬고 말했다.

"그런데 저희 고구마 몇 개만 가져다 먹어도 될까요?"

"그리하렴, 초롱아. 너희들이 수고가 많구나."

아주머니가 자리를 떠날 때까지 고개를 숙이고 있던 초롱이가 나를 휙 째려보았다.

"야! 아까 뭐라고 했어? 아주머니?"

"엥? 그럼 뭐라고 부르는데?"

"세상에… 너 또 머리가 어떻게 된 거야? 우리 안방마님이셔!"

"아……."

저 아주머니가 여기 안방마님이셨구나.

안방마님의 허락을 받은 초롱이는 나에게 고구마 한 소쿠리를 갖다주었다. 그런데 문제는 잔치에 쓸 음식을 장만하느라 아궁이를 모두 쓰고 있다는 점이었다. 더 이상 굶을 수는 없었다.

'이왕 이렇게 된 거 캠핑이라고 생각하자! 뒷마당에 장작불 피워서 내가 구워 먹지 뭐.'

나는 뒷마당 담벼락에 장작을 세워 둔 채 고구마가 든 소쿠리를 챙겨서 방으로 갖고 들어왔다. 어쩌면 내일도 밥 못 먹을 수 있으니까. 누가 뺏어 먹을까 봐 숨길 곳을 찾고 있는데 자꾸만 눈이 감겼다.

'히히. 다른 사람들이 오기 전에 빨리 구워 먹어야겠다. 그런데 왜 이렇게 자꾸 졸리냐…….'

오늘은 평소보다 더 일찍 일어나서 그런지 이상하게도 눈꺼풀이 자꾸만 내려갔다.

'이제 나가서 고구마를 구워야 하는데…….'

'아, 춥다…… 응? 이건 뭐지?'

내가 끌어안고 있는 게 무엇인지 깨달은 순간, 눈이 번쩍 떠졌다. 고구마를 안고 있던 손을 풀어 방문을 벌컥 열었다. 자는 사이 비가 꽤 왔는지 땅이 온통 축축했다.

"으악! 비는 언제 왔대?"

바람도 세게 불었는지 세워 두었던 장작은 모두 무너져 물기를 머금은 채 젖어 있었다. 부엌 아궁이에서 불씨를 가져와 장작에 붙였지만 불은 금세 꺼졌다.

5장

비 온 뒤 맑음

"후~ 후우우우!"

다행히 날씨는 맑게 개었다. 나는 부엌으로 다시 달려가 아궁이에서 또 불씨를 얻어 왔다. 납작 엎드려 손 부채질과 입으로 불어 보았지만 불은 좀처럼 붙지 않았다.

한참을 그렇게 끙끙대고 있는데 땅바닥에 그림자 하나가 드리워졌다. 고개를 들어 살짝 올려다보니 분홍색 치마가 먼저 눈에 들어왔다.

고 대감댁의 하나뿐인 아씨, 고은비였다. 고은비는 또래인 초롱이와 어릴 때부터 같이 자라서 그런지 친구처럼 지낸다고 한다. 초롱이 옆에서 나도 고은비와 몇 번 인사도 하고, 말도 몇 마디 주고받았다.

'좋은 기억은 아니었지만….'

"개똥아, 내가 먹을 것 좀 챙겨 달라고 할까?"

"아니…요? 괜찮습니다. 아씨."

나는 일부러 퉁명스럽게 대답했다. 언제든지 간식을 먹을 수 있는 고은비와 반대로 나 같은 노비는 고작 고구마 좀 구워 먹겠다고 이 난리를 피워야 하다니. 자존심이 좀 상했다.

나는 고은비의 눈치를 보다가 고은비의 머리에 있는 장식이 반짝 빛나는 것을 보았다. 햇빛이 반사되어 눈이 부셨다. 그때 어떤 생각이 내 머릿속을 번쩍하고 스쳐 지나갔다.

"그래! 거울을 사용하면 되겠다!"

"그게 무슨 말이니? 거울?"

아차. 나도 모르게 또 반말을 썼다. 고은비에게 존댓말 쓰는 게 아직도 너무 어색하다. 저번처럼 존댓말 안 쓰면 초롱이 고것이 내 목을 또 탈탈 쥐고 흔들지도 모른다.

'고은비에게 거울을 어떻게 설명하지?'

"경대요? 아! 맞습니다. 그거예요."

엄마가 챙겨 보는 사극 드라마에서 본 게 기억났다. 당장 거울을 구하려면 고은비에게 도움을 청할 수밖에 없었다. 거울로 햇빛을 모아야 하니까.

"혹시 경대 좀 빌려주실 수 있나요?"

고은비는 흔쾌히 내 말을 들어주었다.

"내가 쓰는 것과 어머니께서 쓰시는 것이 있긴 한데 필요하다면 다 갖다줄게! 그런데 네가 경대는 왜 필요하니?"

"그걸로 뭘 좀 만들어 보려고…요. 아씨, 고맙습니다!"

고은비가 안채로 들어간 지 얼마 지나지 않아 초롱이가 마당으로 나왔다.

"어휴~ 갑자기 비가 오는 바람에 마당이 이게 뭐람. 그런데 개똥아 뭐하냐?"

나는 초롱이에게 아까 잠든 사이에 일어난 일부터 앞으로 하려는 일까지 모두 설명했다.

"이건 한 번도 해 본 적은 없지만 만들기는 내가 아주 자신 있지! 흐흐."

초롱이는 자신감에 찬 표정으로 고개를 끄덕이고는 나무판자 몇 개를 구해 와 재빨리 상자를 만들었다.

얼마 지나지 않아 고은비가 무려 네 개의 경대를 갖고 오자, 초롱이는 경대의 거울을 빼서 상자 옆면에 끼웠다. 경대 하나는 경첩 두 개를 활용해 나무 상자에 붙인 뒤 뚜껑처럼 위에 기울여 얹었다. 그리고 위에 얹은 경대가 무너지지 않게 나뭇가지 두 개로 고정했다.

"개똥아, 검은색 돌멩이 좀 찾아서 갖고 와."

'아, 명령하지 말라고.'

초롱이가 자꾸 나를 똥개에게 명령하듯 부려 먹길래 또 발끈할 뻔했다. 배고픈 내가 참아야겠지. 그 와중에 기억력은 좋아서 뒷마당 소나무 아래에 검은색 돌멩이가 있다는 것을 떠올렸다.

"얼른 가져올게~!"

초롱이가 마지막으로 태양열 조리기의 바닥에 검은색 돌멩이를 깔고, 거울의 위치를 미세하게 조절하자 햇빛이 안쪽으로 반사되어 빛이 고구마에 모이는 것이 보였다. 옆에서 지켜보고 있던 고은비의 눈이 동그랗게 커졌다.

'드디어 고구마를 먹을 수 있다!'

내가 속으로 신나 하고 있을 그때, 초롱이가 깜짝 선물처럼 주머니에서 무언가를 꺼냈다.

나는 오늘 아침에 암탉이 낳은 달걀을 세 개나 갖고 온 초롱이를 보며 앞으로 초롱이 말이라면 더 열심히 듣기로 결심했다.

한참을 기다리니 태양열 조리기에서 열기가 느껴졌다. 비가 갠 하늘은 눈이 시리도록 맑았고 공기도 상쾌했다.

아까의 절망은 금세 잊고 고구마와 달걀이 익기를 기다리는 동안 나는 초롱이가 하는 말을 듣느라 바빴다. 초롱이는 고은비의 소꿉친구이자 정혼자인 옥윤석에 대한 이야기를 하다가 옥 사또의 표정과 말투를 흉내 내는 성대모사까지 하는데 정말 지루할 틈이 없었다.

옆에서 조용히 있던 고은비마저 고 대감님의 성대모사를 하기 시작했다. 고상하면서도 차분한 말투가 고 대감님과 똑같았다.

어느새 나는 이곳에서 초롱이와 웃고 떠드는 시간이 점점 익숙해지고 있었다.

개똥이의 어느 날 ①

도전

첫 만남

6장

최종 퀘스트의 열쇠

"맛있겠다~!"

고구마와 달걀에서 맛있는 냄새가 솔솔 피어올랐다. 나는 더 이상 참지 못하고 달걀 하나를 소매로 집어 깨 보았다. 달걀 안 노른자가 촉촉하게 익은 반숙이었다. 달걀을 금세 먹어 치우고 고구마도 완전히 익지 않은 채로 베어 먹었다. 얼마나 배가 고팠는지 모든 게 꿀맛이다.

"진짜 맛있네. 아~ 이제 좀 살겠다."

그렇게 먹고도 고구마가 몇 개 더 남았다. 배가 부르니 그제야 남을 돌아볼 여유가 생긴 걸까. 나에게 여러 가지 일을 가르쳐 준 사람들이 생각났다.

"이거 우리 방 아저씨들 가져다줘도 될까?"

"좋아! 하지만 어떻게 구웠냐고 물어보면… 쉿! 알지? 그냥 어디서 얻어 왔다고 해!"

초롱이는 행여라도 자신의 손재주가 들킬까 봐 나에게 몇 번이고 주의를 주었다.

"당연하지~!"

해가 뉘엿뉘엿 질 무렵, 일이 끝난 아저씨들이 방으로 들어왔다. 나는 고구마를 한 개씩 나눠 드렸다.

"아저씨, 고구마 하나 잡숴 보세요."

"개똥아, 네가 먹을 걸 다 양보하고? 어디서 얻어 온 게냐? 녀석~ 아무튼 잘 먹으마."

늦게까지 일을 하고 온 아저씨들은 나를 기특하게 바라보았다. 내가 특별히 일을 많이 한 것도 아닌데…….

'양 한 마리, 양 두 마리…….'

아까 낮잠을 좀 자서 그런지 잠이 바로 오지 않았다. 예상치 못한 일들도 있었지만 고구마와 달걀을 먹으면서 초롱이 그리고 고은비와도 조금 더 친해진 것 같다. 물론 아쉬움은 있었다. 고구마를 보니 고구마 피자가 생각났고, 달걀을 보니 에그 샌드위치가 생각났다. 이래서 아는 맛이 무섭다고 하는 걸까. 그러다 슬쩍 주머니에 손을 넣어 백돌을 들어 올렸다. 아까 진동이 느껴졌으니까 확인해 봐야지.

구름무늬 게이지를 채우려고 일부러 아저씨들에게 고구마를 건넨 것은 아니었지만, 내가 백돌을 주머니에서 꺼내자마자 백돌은 환한 노란빛을 내더니 글자를 공중으로 띄웠다. 이제 구름무늬 게이지는 35퍼센트까지 차올랐다.

'그래, 자기 전에 집 안을 한번 둘러보자! 아마 그 돌도 구름무늬가 있지 않을까?'

뒷마당 한 켠에 있는 소나무 근처로 가니 아까 태양열 조리기 안에 넣을 때 썼던 검은색 돌멩이가 보였다. 이리저리 살펴보아도 별로 눈에 띄는 점은 없었다.

"이건 아닌 것 같네. 에잇. 날도 어두운데 이만 들어가야겠다."

그때, 어두운 구석 한쪽에서 동물 울음소리가 들렸다.

'헉!'

들짐승인 줄 알고 놀랐지만 다행히 고양이였다. 처음에는 어두워서 잘 안 보였지만 달빛 속 작고 오동통한 몸을 보니 안심이 되었다. 게다가 고양이의 배는 꽤 토실토실해서 좀 귀여웠다.

나와 눈이 마주친 고양이는 엉덩이를 씰룩거리며 금세 어두운 곳으로 사라졌다.

뚝딱뚝딱 만들어요

태양열 조리기 만들기

준비물 거울, 검은색 자갈, 나무판자

만드는 법

❶ 나무판자로 상자를 만든다.
❷ 거울을 상자 안의 세 면에 붙인다.
❸ 뚜껑에 거울을 붙이고 햇빛이 반사되어 내부로 들어가도록 각도를 조절한다.
❹ 상자 바닥에 검은색 자갈을 깔고, 나무 상자 표면은 검은색으로 칠한다.
❺ 상자 안에 식재료를 넣고 그 위를 랩으로 씌우면 완성!

원리

거울과 같이 매끄러운 물체에 빛을 비추면 입사한 빛(들어오는 빛)의 진행 방향이 바뀝니다. 반사된 빛(방향을 바꾸어 튕겨 나가는 빛)을 상자 내부에 모이게 만들면 조리기 내부의 온도가 올라가 음식을 익힐 수 있습니다. 열이 빠져나가지 않도록 상자 입구에 랩을 씌우면 더욱 빨리 음식을 익힐 수 있답니다!

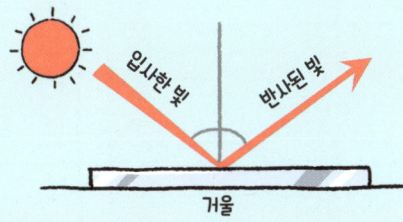

7장
어린 광대

"우와아~ 대단해!"

"대단하긴 무슨….”

"외줄에 올라가 중심 잡기만 해도 대단한 것 아냐?"

"5년이나 배웠는데 고작 중심 잡기나 겨우 하는걸?"

어린 광대는 머쓱한 모양인지 머리를 긁적였다.

"우리 할머니가 그러시는데 포기하지 않고 계속 노력하면 안 되는 게 없대.”

"하지만….”

고개를 푹 숙인 어린 광대가 또 눈물을 뚝뚝 흘렸다.

"흐엉~ 옥 사또 나리의 잔치에서 실수라도 한다면 난 옥에 갇힐지도 몰라!"

"아유~ 또 옥 사또야? 그 나리는 어떤 사람이길래 동네 사람 모두가 무서워하는 거야? 아직 일어나지도 않은 일인데 걱정 마!"

"있잖아, 우리 아버지는 조선 팔도에서 손꼽히는 줄광대셔. 근데 난 그 재능을 물려받지 못했나 봐.”

나도 모르게 어린 광대의 어깨를 손으로 툭툭 두드려 주었다. 입김 나오는 날씨인데 어린 광대는 얼마나 오래 연습을 했는지 몸속 뜨끈뜨근한 열이 느껴질 정도였다.

어린 광대는 복받친 감정이 진정되었는지 자신의 이름을 슬며시 말해 주며 나에게 손을 내밀었다. 눈치로 보아 하니 내 이름도 궁금해하는 것 같다.

'아, 밝히기 싫은데.'

"개똥이… 위로해 줘서 고마워."

"팔복아, 우리 아버지도 엄청 대단하셨어. 글공부를 엄청 잘하셨거든. 아마 조선 팔도에서 손꼽히셨을걸? 그에 비해 나는…."

어린 광대를 보니 예전에 할머니가 나에게 살짝 들려준 말이 떠올랐다. 아빠는 어릴 때부터 천재여서 어려운 문제를 척척 풀어냈다고 한다. 호기심도 많고 창의력도 좋아 학계에서 주목하는 과학자였다고. 주위 사람들은 나더러 아빠를 닮아 똑똑하다고 하지만 아빠처럼 천재는 아니다. 이 어린 광대가 지금 어떤 기분일지, 어떤 부담을 느끼고 있는지 나는 조금 알 것 같았다.

"광대는 사람들의 눈을 즐겁게 해 줘야 하는데. 나에겐 그런 재능이 없나 봐."

'사람들의 눈을 즐겁게…?'

"팔복아! 공연에서 사람들의 눈만 즐겁게 하면 돼?"

"응. 옥 사또 나리의 잔치는 제일 즐거워야 하니까. 줄에서 계속 떨어지는 광대를 보는 것이 즐겁지는 않잖아?"

"오! 나한테 좋은 생각이 있어! 일단 얼른 마을로 내려가 초롱이부터 찾자."

"초롱이?"

나는 다행히 길눈이 밝은 어린 광대의 안내를 받아 마을로 무사히 내려왔다. 여전히 바지는 덜 말라서 조금 축축했다. 하지만 신경 쓸 새도 없이 나는 서둘러 어린 광대와 함께 초롱이를 찾으러 갔다. 그리고 초롱이를 만나자마자 어린 광대의 사연을 들려주었다.

"… 그래서 말인데 초롱아. 우리 둘이서 얘 도와주는 거 어때?"

"개똥아? 너는 참~ 오지랖만 넓구나! 바쁜데 귀찮게 하지 말고 좋은 말로 할 때 저리 가."

퉁명스러운 말투와 함께 어린 광대를 쏘아 보는 초롱이의 눈매가 좀 많이 무서웠다. 한 번 더 얘기를 꺼내 성가시게 군다면 초롱이의 눈에서 레이저 광선이 나올 것만 같았다.

그때 갑자기 어린 광대가 초롱이 앞에 무릎을 꿇었다.

"제발 도와주세요. 저는 줄을 잘 타지 못하는 광대입니다. 오늘 옥 사또 나리의 잔치를 망치면 저는 분명… 크게 혼날 거예요."

무릎까지 꿇은 어린 광대를 보니 너무 안쓰러웠다.

'됐다!'

나와 어린 광대는 서로 눈을 마주보며 고개를 살짝 끄덕였다.

"초롱아, 우선 커다란 한지와 그 한지를 잡아 줄 나무대가 필요해."

"그걸로 무얼 만들어야 하는데?"

'까칠하긴….'

도와준다고 했지만 초롱이의 말투는 여전히 퉁명스러웠다.

"먼저 얇은 나무대로 높이가 낮은 큰 원기둥 뼈대를 만들고 그 벽면에 한지를 붙인 다음 중간중간 구멍을 뚫을 거야."

고개를 갸우뚱거리는 초롱이를 보니 내 말을 이해하지 못한 것 같았다. 나는 손짓 발짓과 함께 땅바닥에 그림까지 그려 가며 초롱이에게 설명하기 시작했다.

내 노력이 닿았는지 한참을 생각한 초롱이의 눈이 갑자기 반짝였다.

"아~ 알겠다! 은비 아씨께 부탁해서 재료를 준비할게. 금방 돌아올 테니 딱 기다려."

나는 동네 아이들이 팽이를 가지고 노는 모습을 보며, 문득 좋은 생각이 떠올랐다.

'쟤들한테 색팽이를 만들어서 보여 주면 신기해하지 않을까?'

"초롱아! 혹시 여러 가지 색한지도 구할 수 있으면 좀 부탁해!"

"알았어."

초롱이는 곧바로 고은비가 있는 방으로 달려갔다. 초롱이의 뒷모습을 바라보는데 떨리는 목소리가 바로 옆에서 들려왔다.

"개똥아, 정말 이걸로 잔치에 온 사람들의 눈을 즐겁게 할 수 있을까?"

어린 광대는 자신 없는 표정으로 소심하게 말했다.

"음, 팔복아. 이건 말이야. 직전에 본 장면이 그 다음에 본 장면과 겹쳐 보이는 잔상 효과를 이용한 건데, 그림이 마치 살아 움직여 보인다고."

"뭐어? 산신령님 요술도 아니고 그림을 무슨 수로 어떻게 움직인다는 거야?"

"훗! 날 한번 믿어 봐! 오늘 이 동네 사람들 모두 깜짝 놀라게 만들 테니까."

초롱이의 어느 날 ①

8장
요술을 부려 보자!

"팔복아!"

　우리가 만든 물건이 거의 완성될 찰나, 저 멀리서 남사당패 중 한 사람이 손짓하며 어린 광대를 불러냈다. 어린 광대를 부른 사람이 누군지 단번에 알아볼 수 있었다. 누가 봐도 팔복이의 아버지였다. 너무나 닮았으니까.
　어린 광대는 잔치 시작 전에 준비해야 하는 것이 있어 먼저 가 보겠다고 했다. 곧 시작될 잔치에 늦지 않기 위해 나와 초롱이도 서둘러 마무리했다.

어느새 마을 전체에 고소한 기름 냄새가 퍼졌고, 초롱이 코를 자극했다.

"개똥아! 아침부터 조이트로프? 조이트로프… 하여튼 그거 만드느라 너무 배고파. 얼른 옥 사또댁으로 가자! 지금 호박전 부치려나 봐!"

솔직히 호박을 좋아하지 않지만 여기서 하루 종일 일만 하다 보니 호박전 냄새에도 어느새 침이 고이는 건 어쩔 수 없었다.

'무엇이든 먹을 수 있을 때 먹어야 한다!'

이미 초롱이는 아랫면 너비가 어른 키만 한 크기의 조이트로프를 번쩍 들고서 달려가고 있었다.

"초롱아~ 같이 가!"

초롱이를 뒤따라 가다 보니 고 대감댁 못지않은 거대한 대문이 활짝 열려 있었다. 사극 드라마에서 본 듯한 마을 잔치 풍경에 잠시 멍해졌다. 소란스러운 부엌 쪽을 보니 수많은 아궁이 위에 가마솥이 모두 올려져 있었다. 다들 바쁘게 잔치 음식들을 끓이고, 굽고, 볶고 있었다.

나는 음식 냄새의 유혹을 뒤로하고, 초롱이와 함께 어린 광대가 있는 곳으로 가서 조이트로프를 세워 두었다.

"초롱아~ 개똥아~!"

뒤를 돌아보니 오늘도 화사하고 곱게 차려 입은 고은비가 웃으며 손짓했다. 고은비는 다양한 잔치 음식들이 담긴 그릇을 우리에게 건네 주었다.

"너희 주려고 내가 미리 담아 놓았어~!"

그릇 안에는 생선 구이, 고기 산적, 호박전이 소복하게 담겨 있었다. 이곳에 와서 단 한 번도 입에 대어 보지 못한 음식들이었다. 입 안에 군침이 싹 돌았다. 홀린 듯 내

손은 이미 생선 구이에 가 있었다. 한 입 베어 무니 촉촉하게 부서지는 생선 살에 감동이 밀려왔다.

"와, 이 맛이지!"

내가 생선 구이에 감탄하는 사이 남사당패의 공연이 시작되었다. 접시에 있는 음식을 거의 다 먹어 치울 때쯤 어린 광대의 목소리가 뒤쪽에서 들려왔다.

"개똥아~ 이제 곧 나 들어가야 해!"

"팔복아, 내가 알려 준 대로만 해! 알았지?"

이른 아침만 해도 나를 경계하고 얄밉게 노려 보았던 어린 광대였다. 어느새 친근하게 다가와 개구지게 웃어 주니 머쓱하지만 기분은 좋았다. 이곳에서 친구가 한 명 더 생긴 것 같다.

여기 마을 사람들 모두가 이 어린 광대의 팬이 될 거야. 두고 보라고!

나는 어린 광대의 차례를 기다리는 동안, 동네 아이들이 가지고 노는 팽이에 색한지를 붙이기 시작했다. 붉은색과 푸른색 한지를 절반씩 붙여 팽이를 돌리니 보라색이 나타났다. 아이들은 여기저기서 왁자지껄 떠드는 것을 멈추고 순식간에 나에게 우르르 다가왔다. 그리고 팽이 모습을 쳐다보며 신기하다고 소리쳤다.
　"우와!"
　아이들과 노는 사이 드디어 어린 광대, 팔복이의 순서가 시작되었다. 곧 아이들의 눈이 팽이에서 어린 광대로 향할 것이다.

팔복이는 익살스러운 표정과 공중회전 같은 묘기를 보여 주며 마을 사람들의 시선을 끌었다.

"오늘 여러분께 요술을 부려 볼까 합니다."

팔복이의 말을 들은 마을 사람들에게서 왁자지껄한 웃음이 터져 나왔다.

"으하하! 아니 이놈아! 지금 산신령 흉내를 내겠다! 이 말이냐?"

옅은 미소를 띤 팔복이는 초롱이와 함께 조이트로프를 힘차게 회전시켰다. 어느덧 웃음소리는 잠잠해졌고, 모두들 눈이 동그래져 그 모습에 집중하기 시작했다.

　천둥 같은 함성 소리와 함께 마을 사람들 모두 박수갈채를 보냈다. 동네 아이들은 날갯짓하는 나비를 보려고 가까이 다가왔다. 초롱이와 팔복이는 조이트로프의 돌리는 힘을 약하게 또는 강하게 주면서 나비의 날갯짓 속도를 조절했다. 마을 사람들은 다른 것도 움직이게 해 보라며 신나게 소리치기 시작했다. 내가 팔복이에게 눈짓으로 신호를 보냈고, 초롱이와 나는 조이트로프 내부 그림을 바꿔 붙였다.

"자, 다음은 무엇이 움직일까요?"

팔복이는 다시 한번 조이트로프를 있는 힘껏 돌렸다. 이번에는 광대 한 명이 줄 위를 넘실넘실 걸어가는 모습으로 나타났다. 팔복이는 외줄에서 잘 떨어질지 몰라도 이 광대는 절대 줄에서 떨어질 리 없다.

"으허허허~!"

그때였다. 호탕한 웃음소리가 달궈진 분위기 속에 잠깐의 침묵을 가져왔다. 몸집이 크고 퉁퉁한 사내가 팔복이 쪽으로 걸어 나왔다. 남사당패는 넙죽 엎드려 그 사내에게 절을 올렸다.

"탄신을 경하드리옵니다."

뚝딱뚝딱 만들어요

색팽이 만들기

준비물 가위, 종이, 몽당연필, 색연필

만드는 법

① 종이를 동그랗게 자른다.
② 동그란 종이를 사분할로 나눈다.
③ 원하는 색연필 두 개를 골라 사분할 된 영역에 교대로 칠한다.
④ 동그란 종이 정가운데에 몽당연필을 꽂고 팽이처럼 돌리면 완성!

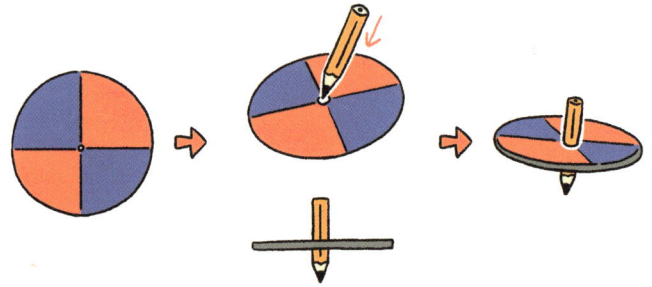

원리

원판이 아주 빠르게 돌면, 원판에 칠해진 색으로부터 반사된 빛이 동시에 우리 눈에 들어옵니다. 그 빛들은 합해져 특정 색으로 변합니다. 여러분이 섞은 색은 무엇인가요?

9장
어둠이 빛나는 밤

"으허허허~!"

갑작스러운 옥 사또의 등장으로 나도 덩달아 넙죽 엎드렸다. 계속 옥 사또를 흘깃 쳐다보느라 눈이 저절로 치켜떠졌다. 매번 초롱이에게 듣기만 했던 옥 사또의 모습과 일치했다. 삐쭉 솟은 눈썹과 사나운 눈매 그리고 심술보가 가득해 보이는 두꺼비상 얼굴까지 모두 진짜였다. 옥 사또의 얼굴을 보니 그가 호통을 치면 진짜 무서울 것 같았다. 팔복이도 주눅이 들었는지 옥 사또를 보자마자 움츠린 채 절을 올렸다.

"내 살아생전 이런 진귀한 광경은 처음이구나! 다음에도 너희 패거리를 불러야겠구나! 으허허허!"

남사당패와 마을 사람들은 이 모든 게 다 옥 사또 덕분이라며 엄청 치켜세워 주었다. 그러다 나는 팔복이와 눈이 마주쳤다. 팔복이는 나에게 고맙다는 눈짓을 했고 나도 고개를 끄덕였다. 그때 주머니 속 백돌에서 노란빛이 새어 나오더니 공중에 글자가 쏘아 올려졌다.

호감도가 채워졌습니다.

50/100

소원을 들어주는 돌과 함께 태어난 검은 돌이 마을을 어둠으로 뒤덮고 있습니다. 그 돌을 찾아야 합니다.

 '이 돌과 같이 태어난 돌이 있다고? 한날한시에 태어나는 쌍둥이 같은 건가? 그리고 마을의 어둠은 또 뭐야? 밤이 온다는 건가?'

 갑자기 머릿속이 너무나도 복잡했다. 아무리 생각해 봐도 마을에 어둠이 뒤덮이는 게 무슨 뜻인지 모르겠다.

일단 보상 문구를 통해 검은 돌을 찾아야 한다는 단서 정도만 얻게 되었다. 함께 태어난 돌이니 백돌과 유사한 모양에 흑돌이려나. 나는 곧바로 주변을 훑어 보았다. 옥 사또네 집은 내가 아무 이유 없이 올 수 있는 곳이 아니니까 이 기회에 샅샅이 살펴봐야 한다.

"개똥아, 수고 많았어! 잔치 음식 한 접시 더 가져왔어."

"아씨, 저 급한 일이 생각나서요. 먼저 가 보겠습니다."

저 멀리서 고은비가 내게 손짓했지만 나는 지금 음식을 즐길 때가 아니기에 정중히 거절했다. 사람들이 잔치에 정신 없을 이때, 나는 옥 사또 집을 몰래 둘러봐야 한다.

옥 사또의 집 역시 고 대감댁 못지않게 거대한 규모였다. 가도 가도 똑같은 기와집이 계속 나왔다.

이쪽저쪽 구석구석 돌아다니며 열심히 돌멩이를 살펴보았지만 그냥 평범한 돌멩이뿐이었다.

내가 주운 백돌은 흰색이긴 하지만 보석처럼 반짝이고, 구름무늬가 있다. 분명 흑돌도 그럴 것이다.

"개똥아!"

"응?"

놀란 목소리로 눈을 동그랗게 뜬 초롱이가 나를 향해 달려오고 있었다.

"옥 사또 나리의 집을 함부로 돌아다니면 어떡해!"

"아니… 좀 돌아다닐 수도 있지!"

"너 정말 이상하다. 그게 가당키나 해? 그러다가 호되게 혼나면 어쩌려고!"

초롱이는 내 팔을 억세게 이끌고 잔치가 열리는 마당 쪽으로 데려갔다.

"살살 좀 당겨."

다시 한번 느끼지만 초롱이는 힘이 무지막지하게 세다. 한번 붙잡히면 달아날 수가 없다. 마당에 도착하니 어느새 깜깜한 밤이 되었고 잔치는 슬슬 끝나는 분위기였다.

'하긴 흑돌이 옥 사또에게 있다는 보장이 어디 있어?'

나는 내일부터 마을을 더 샅샅이 살펴보기로 마음을 바꿔 먹었다.

초롱이와 함께 옥 사또 집을 나오는데 불현듯 팔복이가 생각났다.

"아, 맞다! 나 팔복이랑 인사하고 올게! 먼저 가 있어~."

초롱이를 뒤로하고 다시 옥 사또 마당으로 들어갔다. 요리조리 살피니 한쪽 구석에 남사당 패거리가 모여 있었다. 그 사이에 팔복이는 아버지를 도와 소품들을 정리하고 있었다.

"어이~ 팔복아~!"

내가 손을 흔들며 달려가니 팔복이는 환하게 웃으며 내 손을 마주잡았다.

"네 덕에 엄청난 함성 소리를 들을 수 있었어. 사람들의 박수 소리도 너무 짜릿하더라! 나도 앞으로 아버지처럼 줄광대로 내 이름을 알리고 싶어!"

"내가 보기에는 네가 그동안 광대로서 실력이 영~ 없었던 것은 아니야."

"에이~ 실력이 없으니 줄에서 계속 떨어지지…."

방금 전까지 엄청난 결심으로 자신감 넘치던 팔복이였지만 실력 얘기를 하니 바로 풀이 죽었다.

"항상 연습하잖아. 우리가 처음 만났을 때도 연습하고 있었고. 노력은 배신하지 않아."

"그렇다면 난 왜 자꾸 줄에서 떨어지는 걸까?"

"너는 너무 긴장하는 것 같아. 긴장하면 아드레날린 때문에 근육이 수축하고 심장 박동도 빨라진다고."

"아드…? 뭐?"

팔복이는 어안이 벙벙한 표정으로 나를 바라보았다.

"음, 그러니까… 너무 잘하려고 하다 보면 긴장하게 되고, 긴장하면 가슴이 무지하게 뛰어서 본래 실력을 보여 줄 수 없다고."

"맞아! 줄 위에 서면 항상 가슴이 뛰어서 어지러워."

"그렇지? 그러니까 너무 애쓰지 마! 즐겨~! 줄 위에서 신나게 논다고 생각해."

팔복이가 옅은 미소를 띤 채 내 손을 잡았다.

"개똥이는 정말 똑똑해! 너도 분명 너의 아버지처럼 조선 팔도에서 모르는 사람이 없는 엄청난 인재가 될 거야!"

팔복이의 확신에 찬 눈빛을 보니 나도 모르게 힘이 났다. 항상 아버지와 비교하며 실력이 없다고 생각했는데 역시 즐기는 게 최고 아닐까?

"개똥아! 우리 둘 다 각자의 위치에서 즐기자! 그리고 어른이 되어 꼭 만나자! 둘 다 유명해질 테니 쉽게 만날 수 있을 거야~!"

그런데 어른이 되어 쟤를 다시 만날 상상을 하니까…… 순간 온몸에 소름이 쫙 끼쳤다.

'내가 여기서 어른이 될 때까지 있는다고?'

상상만 해도 암울하다. 노비가 유명해 봤자 무슨 소용이람.

"아, 맞다! 개똥아. 내가 떠나기 전에 너한테 보답을 꼭 하고 싶어!"

"보답?"

"여기. 몇 푼 안 되지만 초롱이랑 같이 장터에서 맛난 거 사 먹으라고."

"됐어. 네가 열심히 해서 번 돈이잖아. 그리고 내가 좋아서 한 일인걸?"

나는 손사래를 치며 받지 않겠다고 거절했지만 팔복이는 엽전 몇 푼을 내 손에 꼭 쥐어 주며 말했다.

"아버지께 들었는데 내일 마을 장터에 오일장이 들어선대. 그때 초롱이랑 맛있는 거 사 먹어!"

'오…일장? 그래! 이 돈이면….'

"흠흠. 팔복아, 고맙다. 네 성의도 있으니 초롱이랑 내일 꼭 장터에 갈게!"

내일 열릴 오일장을 상상하며 남사당패 틈에서 팔복이와 이런저런 얘기를 하고 있을 때였다.

우리 앞에 옥 사또가 갑자기 나타났다.

"으허허! 오늘 정말 만족스러운 공연이었네! 내 체면도 서고 말이야."

"즐거우셨다니 영광이옵니다."

우리는 옥 사또의 말에 또다시 넙죽 절을 했다. 어느새 하늘은 검게 물들었고, 둥근 보름달이 떠 있었다. 언제 일어나면 좋을지 눈을 흘깃 위로 쳐다보는데 어디선가 강한 돌풍 바람이 불어왔다.

구름무늬가 새겨진 반짝이는 돌이 분명했다. 내가 가진 것과 모양은 같은데 색깔은 완전히 정반대로 까맸다.

나는 직감적으로 저 돌이 보상 창에서 말하는 검은 돌이라는 것을 확신했다. 옥 사또가 뒤돌아 자리를 뜨려고 하자 나도 모르게 벌떡 일어나 옥 사또의 뒤를 쫓아가려고 했다. 그때 팔복이가 내 어깨를 있는 힘껏 그리고 다급히 붙잡았다.

"개똥이! 지금 어딜 따라가는 거야? 저 나리의 눈 밖에 나면 무슨 일을 당할 줄 알고?! 그러다 옥에 갇힌다고."

"저 사람한테 확인할 게 있어!"

"저 사람이라니! 벽에도 귀가 있다고! 아, 안 되겠다. 너 얼른 집으로 돌아가! 나도 더 늦기 전에 떠나야 해."

팔복이는 나를 옥 사또 대문 밖으로 데려간 뒤 다음에 또 만나자는 인사와 함께 떠나갔다. 무슨 정신으로 집을 찾아왔는지 모를 정도로 나는 계속 멍해 있었다. 그리고 정신이 든 순간 좌절했다.

'으악! 하필이면 옥 사또에게 저 흑돌이 있다니!

개똥이의 어느 날 ②

과외

소소한 행복

온책읽기 워크북

어느 날, 노비가 되었다
❶ 반짝이는 돌멩이

ⓒ 지은지·이민아, 2022

1판 1쇄 발행 2022년 12월 15일 | **1판 10쇄 발행** 2025년 4월 30일

글 지은지, 이민아 | **그림** 유영근
펴낸이 권준구 | **펴낸곳** (주)지학사
편집장 김지영 | **편집** 박보영 이지연 | **기획·책임편집** 박보영
디자인 이혜리 | **마케팅** 송성만 손정빈 윤술옥 이채영 | **제작** 김현정 이진형 강석준 오지형
등록 2010년 1월 29일(제313-2010-24호) | **주소** 서울시 마포구 신촌로6길 5
전화 02.330.5263 | **팩스** 02.3141.4488 | **이메일** arbolbooks@jihak.co.kr
ISBN 979-11-6204-131-4 74810
　　　979-11-6204-130-7 74810(세트)

* 책값은 뒤표지에 표기되어 있습니다.
* 잘못된 책은 구입하신 곳에서 바꿔 드립니다.
* 이 책의 전부 또는 일부 내용을 재사용하려면 반드시 저작권자의 사전 동의를 받아야 합니다.

 제조국 대한민국　**사용연령** 8세 이상
KC 마크는 이 제품이 공통안전기준에 적합하였음을 의미합니다.

지학사아르볼　아르볼은 '나무'를 뜻하는 스페인어. 어린이들의 마음에 담긴 씨앗을 알찬 열매로 맺게 하는 나무가 되겠습니다.
홈페이지 www.jihak.co.kr/arbol　**블로그** blog.naver.com/arbolbooks

조이트로프 만들기

준비물 자, 가위(칼), 목공용 풀(딱풀), 투명 셀로판테이프, 나무 꼬치(핫바 꼬치), 고무줄 2개

순서

❶ [별지 1]의 그림을 자르는 선을 따라 한 줄(5개)씩 통째로 오리세요.

※ 가위나 칼을 다룰 때는 위험하니 부모님이나 선생님께 도움을 요청하세요.

❷ 직사각형의 검은색 네모 판 2개를 가로로 각각 오립니다. 네모 판의 '그림 붙이는 곳'에 한 줄씩 오려 놓은 그림을 각각 풀로 붙이세요.

❸ 검은색 네모 판끼리 길게 이어 붙인 다음, 그림이 안쪽에 위치하도록 처음과 끝을 둥그렇게 말아 원기둥 형태로 붙여 주세요. 단, 붙일 때 풀을 먼저 바르고 겉을 투명 셀로판테이프로 단단히 붙여 고정해 주세요.

❹ [별지 2]에서 작은 원판 2개와 톱니 모양의 큰 원판 1개를 오리세요.

❺ 톱니 모양의 큰 원판에서 톱니 부분을 안으로 접은 뒤, 접힌 톱니 안쪽에만 풀칠해 주세요. 앞의 ❸에서 완성한 원기둥 바닥을 톱니 모양의 원판에 두고 풀칠한 톱니 안쪽 부분과 함께 접붙여 주세요. 톱니 안쪽과 원기둥을 다 붙인 뒤, 셀로판테이프로 단단하게 고정해 주세요. (원기둥 속 그림이 아래로 와 있어야 합니다.)

❻ 꼬치의 아래에서부터 4/5 지점을 고무줄로 칭칭 여러 번 감으세요. 그리고 그 위로 작은 원판 하나를 중앙에 꽂은 다음, 꼬치를 원기둥 바닥의 중앙에 끼우세요. 그 위에 나머지 작은 원판 하나를 끼워 고무줄을 칭칭 감아 원기둥을 단단히 고정하면 완성입니다.

❼ 원기둥의 옆면을 손가락으로 살살 돌려보세요. 잘 돌아가나요? 원기둥의 구멍 난 틈새로 안쪽 그림을 뚫어지게 쳐다보면 그림이 마치 움직이는 것 같아요.

'조이트로프 만들기' 동영상 보기 ▶

별지 2

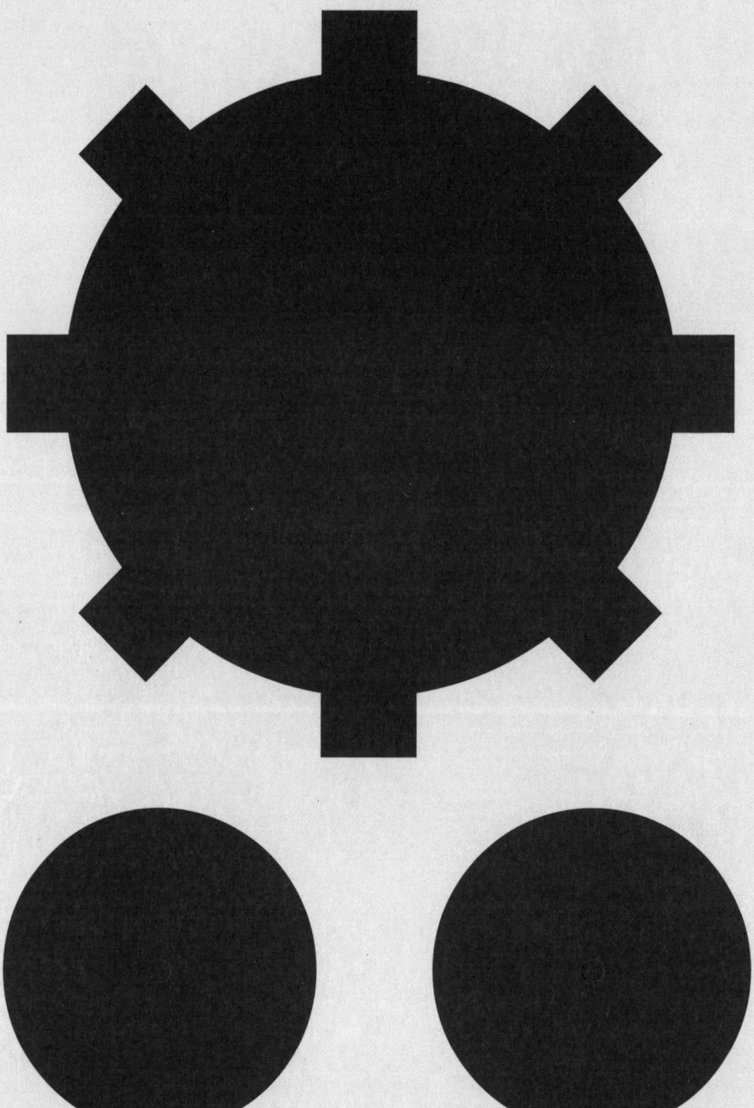